REMARQUES

HISTORIQUES,

Et Anecdotes sur le Château de la Bastille , & l'Inquisition de France.

L A Bastille, dans son commencement, étoit l'entrée de Paris du côté du fauxbourg Saint-Antoine. Elle ne consistoit que dans deux tours. Hugues Aubriot (1), Prévôt de

(1) Hugues Aubriot, né à Dijon, de parens obscurs, fut Prévôt de Paris, & Ministre des Finances sous Charles V. Il fit bâtir le Pont, anciennement appelié le *grand Pont*, aujourd'hui le *Pont au Change*. Les murs de la Porte Saint-Antoine le long de la Seine , le *Pont Saint-Michel* & le *Petit-Châtelet*, sont des monumens de son application au bien public. Ce dernier édifice fut élevé pour contenir la licence des Suppôts & des Etudians de l'Université. Aubriot fut le premier inventeur des canaux souterreins pour l'écoulement des eaux. Le Clergé, réuni aux Membres de l'Université, conjura sa perte. Ils l'accuserent d'impiété & d'hérésie. Les Partisans de la Maison d'Orléans, opposée à celle de Bourgogne, à laquelle il étoit attaché , se déclarerent contre lui. Il fut d'abord enfermé à la Bastille

A

Paris, chargé de la conduite de la nouvelle enceinte & des fortifications de cette Ville, sous le Roi Charles V, en donna le deſſin, & poſa la premiere pierre de ce Château le 22 Avril 1369. Ces deux tours ſervoient de défenſe contre les attaques des Anglois. Dans la ſuite on éleva deux tours de retraite en face, & paralleles aux premieres. L'entrée de Paris fut ainſi prolongée entre quatre tours déſunies & un double pont. Les reſtes du premier pont ſubſiſtent encore. Cet édifice ne fut achevé entierement que ſous le regne de

---

qu'il venoit de bâtir. On le transféra enſuite aux priſons de l'Evêché, que l'on nommoit *l'Oubliette.* A force d'intrigues, ſes amis parvinrent à le faire condamner à y finir ſes jours. Au commencement du regne de Charles VI, l'année 1381, le Peuple ſe ſouleva contre les impôts. Conduits par le nommé *Caboche,* Ecorcheur, les ſéditieux forcerent les portes de l'Hôtel-de-Ville pour avoir des armes; ils y enleverent trois ou quatre mille maillets de fer, ce qui leur fit donner le nom de *Maillotins.* Ils briferent la priſon où Aubriot languiſſoit depuis pluſieurs mois, le choiſirent pour leur Chef, & le forcerent d'accepter le commandement. Il profita de cette faveur du ſort pour ſe retirer ſecrettement. La nuit même il paſſa la Seine & s'enfuit en Bourgogne, où il vécut ignoré de ſes ennemis, & acheva tranquillement ſes jours. *Chronologie manuſcrite de la Bibliotheque Royale, Chronique de Saint-Denys, Antiquités de Paris, Hiſtoire de Paris, Juvenal des Urſins, le Laboureur.* Hugues Aubriot étoit de la même famille que Jean Aubriot (de Dijon) Evêque de Châlons depuis 1342 juſqu'en 1350.

Charles VI, vers 1383. Ce Roi y fit ajou-
ter quatre nouvelles tours à diſtances éga-
les : on pratiqua des appartemens entre les
tours dans l'épaiſſeur des murs : on coupa
les ponts ; un foſſé ſec de vingt-cinq pieds
de profondeur au-deſſous du niveau de la
rue, entoura les huit tours, & on forma
une enceinte de l'autre côté de ce foſſé.
La voie publique fut tracée au dehors telle
qu'elle exiſte encore. Les boulevards & les
foſſés qui l'environnent aujourd'hui, ne
furent conſtruits qu'en 1634.

Le Château de la Baſtille eſt ſitué à la
rive gauche de la Seine (en remontant le
cours de cette riviere), près l'Arſenal. Son
entrée eſt au bout de la rue Saint-Antoine,
à droite. Il y a un corps-de-garde avancé,
& une ſentinelle jour & nuit. Près le corps-
de-garde ſont des ponts-levis, avec une
grande porte, & un portillon, qui con-
duiſent à la cour de l'Hôtel du Gouvernement, qui eſt un bâtiment moderne, ſéparé
du Château par un foſſé, ſur lequel ſont
de ſeconds ponts-levis qu'il faut paſſer
pour arriver à de nouvelles portes, près
deſquelles eſt un corps-de-garde. Enſuite
eſt une forte barriere à claire-voie, for-
mée de poutrelles revêtues de fer, & fort

élevée, qui fépare le corps-de-garde de la grande cour.

Avant d'y parvenir, il faut paffer deux ponts-levis & cinq portes, dont toutes ont des fentinelles, & trois des corps-de-garde. Cette cour fome un quarré long d'environ 120 pieds, & large de 80. Il y a une fontaine dans cette cour.

En entrant par la barriere à droite, font des appartemens où logent les Officiers fubalternes, & quelquefois même des Prifonniers moins refferrés que les autres. Près ce bâtiment eft la *Tour de la Comté*, enfuite la *Tour du Tréfor*, ainfi nommée à caufe du dépôt d'argent que le Duc de Sully y avoit amaffé pour le grand projet d'Henri IV. Après cette tour, vers le milieu de la cour, eft une arcade qui fervoit anciennement de porte à la Ville. On y a ménagé plufieurs logemens. Enfuite eft le corps de l'ancienne Chapelle, où on a diftribué plufieurs chambres de Prifonniers. A l'encoignure de cette cour eft la *Tour de la Chapelle*. Ces deux Tours du Tréfor & de la Chapelle font les plus anciennes.

Des murs de 10 pieds d'épaiffeur, en pierres de taille, élevés à la hauteur des tours, les réuniffent, & font contigus à plufieurs appartemens de Prifonniers, pra-

(5)

tiqués dans les entre-deux. Au fond de cette cour est un grand corps de logis moderne qui la sépare d'une plus petite, que l'on nomme *Cour du Puits*. Au milieu de ce bâtiment, est un escalier de pierres de cinq marches, que l'on monte pour arriver à la porte principale. On trouve ensuite l'escalier des appartemens d'en haut, & une allée qui aboutit à la seconde cour. A droite est le vestibule de la salle, où les Ministes, Lieutenant de Police, ou Commissaires, interrogent les Prisonniers. Cette piece est appellée *Salle du Conseil*. Les Prisonniers y reçoivent ordinairement les visites des Étrangers. Il y a dans l'enfoncement une vaste piece qui sert de dépôt aux effets & papiers saisis aux Prisonniers.

Derriere la salle du Conseil, font des logemens d'Officiers subalternes, & de quelques Porte-clefs.

A gauche, en entrant par le même escalier, font les cuisines, offices & laveries, qui ont de doubles issues dans la cour du puits. Il y a trois étages au-dessus, chacun de trois pieces. Le premier & le second servent pour les Prisonniers distingués ou malades.

Le Lieutenant de Roi a son appartement à droite dans le haut de ce corps de logis au-deſſus de la ſalle du Conſeil ; le Major loge au ſecond, & le Chirurgien au troi-ſieme.

De l'autre côté de la grande cour, près les cuiſines & la *Tour de la Liberté*, ſont des appartemens de Priſonniers, conſiſtant cha-cun en une grande chambre & un cabinet, ayant vue ſur Paris. Les cachots de cette tour s'étendent ſous les cuiſines. Après cette tour, ſont d'anciens appartemens, où l'on a ménagé une petite chapelle au rez-de-chauſſée. Il y a cinq niches ou cabinets fermés dans cette Chapelle ; trois ſont pra-tiqués dans les murs, les autres ne ſont qu'en boiſerie. On y met chaque Priſon-nier ſeul à ſeul, pour entendre la Meſſe. Ils ne peuvent voir, ni être vus. Les portes de ces niches ſont garnies en dehors d'une ferrure & de deux verroux : elles ſont gril-lées en fer en dedans, & ont des vitres du côté de la Chapelle, & par-deſſus des ri-deaux que l'on tire au *Sanctus*, & que l'on referme à la derniere Oraiſon. A cinq Pri-ſonniers par Meſſe, dix ſeulement peuvent y aſſiſter le même jour. S'il y en a un plus grand nombre au Château, ou ils ne vont point à la Meſſe (c'eſt aſſez la regle pour les Eccléſiaſtiques, les Priſonniers à vie, & tous ceux qui ne demandent point à y aller), où ils n'y vont qu'alternativement ; parce qu'il y en a presque toujours quelques-uns qui ont la permission d'y aller habituellement.

A côté de la Chapelle, en descendant vers la barriere, sont la *Tour de la Bertaudiere*, & ensuite des appartemens pour l'Aide-Major, le Capitaine de porte, & quelques Domestiques, ou Porte-clefs. Dans l'encoignure près la barriere, est la *Tour de la Baziniere*. Pour y parvenir, il faut passer une petite cour ou vestibule, qui communique au corps-de-garde par une porte double très-forte. Tel est l'ordre des six Tours & des bâtimens qui entourent la grande cour.

En suivant l'allée du corps de logis qui sépare les deux cours, on parvient à la cour du Puits. En y entrant, on trouve à droite, dans l'enfoncement, la *Tour du Coin*. Entre celle-ci & la Tour du Puits, sont d'anciens appartemens où logent les Cuisiniers, Marmitons & Valets. Il y a aussi quelques chambres pour des prisonniers, mais elles ne servent que très-rarement. La cour du Puits n'a que vingt-cinq pieds de longueur sur cinquante de largeur. Il y a un grand puits pour l'usage des cuisines. Les Cuisiniers jettent les ordures, &

élevent de la volaille dans cette petite cour, ce qui la rend toujours mal-propre & infecte.

La façade du Château en dehors, présente quatre tours vers Paris & quatre vers le fauxbourg. Le dessus de ces tours forme une platte-forme continuée en terrasse solidement travaillée, & parfaitement entretenue. Les Prisonniers qui en ont obtenu la permission, s'y promenent, mais toujours accompagnés de Gardes. Il y a treize pieces de canon sur cette platteforme. Elles servent dans les jours solemnels ou de réjouissances.

On voit sur le plan que la *Tour du Puits*, qui est du côté de la rue des Tournelles, est la premiere. En continuant le tour en dehors, on trouve entre la *Tour de la Baziniere* & celle de *la Comté*, l'entrée du Château, ensuite les autres Tours en face du fauxbourg.

EXPLICATION DU PLAN.

A, Avenue de *la Bastille* par la rue Saint-Antoine.

B, Entrée & premier pont-levis.

C, Hôtel du Gouvernement.

D, Premiere cour.

E, Avenue qui conduit à la seconde cour,

F, Porte de la seconde cour , & pont-levis.

G, Les différens corps-de-garde.

H, Grande cour au-dedans des Tours.

I, Escalier qui conduit à *la Salle du Conseil.*

K, Salle du Conseil (ce bâtiment sépare les deux cours intérieures).

L, Petite cour.

M, Chemin du Jardin.

N , Escalier du Jardin.

O , Jardin.

P , Fossés.

Q, Issue qui conduit au *Jardin de* L'Ar-senal.

1. *Tour du Puits.*

2. *Tour de la Liberté.*

3. *Tour de la Bertaudière.*

4. *Tour de la Bazinière.*

5. *Tour de la Comté.*

6. *Tour du Trésor.*

7. *Tour de la Chapelle.*

8. *Tour du Coin.*

Toutes les Tours sont fermées en bas par de fortes portes doubles à gros verroux , rentrans dans des serrures énormes. Les cachots du bas des tours font remplis d'un limon qni exhale la plus mauvaife odeur. Ce font des repairs de crapauds, de lézards, de rats & d'araignées (1). Il y a dans un coin un lit de camp, formé de barres de fer fcellées dans le mur, & de quelques planches fixées deffus. On y met les Prifonniers que l'on veut effrayer; on leur denne quelques bottes de paille pour garnir leur lit. Deux portes de fept pouces d'épaiffeur chacune, appliquées l'une fur l'autre, ferment ces antres obfcurs : chacune a deux gros verroux & autant de ferrures.

Toutes les chambres hautes font fermées

---

(1) C'eft dans ces cachots que le tyran Louis XI retenoit ceux qu'il vouloit faire perir par de longues miferes, comme les Princes d'Armagnac, lefquels enterrés dans ces cachots, dans des trous en maçonnerie, dont le fond étoit terminé en pain de fucre. afin que les pieds n'y puffent trouver d'affiette, & que le corps n'y pût prendre de repos, en étoient encore tirés deux fois la femaine, pour être fuftigés fous les yeux de Philippe l'Huillier, Gouverneur de la Baftille ; & de trois mois en trois mois pour fe voir arracher une ou deux dents. L'aîné de ces Princes y devint fou, mais le cadet fut affez heureux pour en être délivré par la mort de Louis XI, & c'eft de fa requête de l'an 1483, que l'on apprend la vérité de ces faits, qui ne pourroient êtres crus, ni même imaginés, fans une preuve fi conftante. *Hiftoire de l'ancien Gouvernement de la France par le Comte de Boulainvilliers. Lettre* 14, tome 3, page 226.

avec les mêmes précautions. Il y en a quatre l'une sur l'autre dans chaque tour, & une derniere en voute que l'on nomme la *Calotte*. Toutes les portes intérieures sont couvertes de lames de fer de deux ou trois lignes d'épaisseur.

Il y a cinq ordres de chambres. Les plus horribles après les cachots sont celles où il y a des *cages ou cachots de fer* (1). Il y en

---

(1) Le Comte de Boulainvilliers, page 224 du volume déja cité, dit qu'on ne sauroit affirmer que Louis XI ait été l'inventeur des cages & cachots de fer qui se voient à la Bastille, & dans les Châteaux de Blois, de Bourges, d'Angers, de Loches, de Tours, du Mont St.-Michel. L'Evêque de Verdun, suivant Mezerai, fut l'inventeur de ces cages. Il en avoit fait construire une au Château d'Angers, où il fut le premier renfermé pendant dix à douze ans. Boulainvilliers dit, page 225, qu'il a vu de ses yeux au Château Duplessis-les-Tours, le cachot de fer où le Cardinal de la Ballue (emprisonné vers 1430,) fut renfermé pendant onze années entieres par les ordres de Louis XI. Les murailles, les planchers, la porte, le guichet pour recevoir la nourriture & vuider les immondices, sont de plaques de fer attachées sur de grosses barres du même métal. Louis XI en fit construire deux au Château de Loches. Ludovic Sforce, Duc de Milan, ayant été pris le 10 Avril 1500, dans une bataille contre Louis XII, fut conduit en France & enfermé dans une des cages de fer du Château de Loches, où il finit ses jours. *Observations historiques & critiques*, relativement à l'Histoire de Charles VIII, dans le Recueil des Mémoires de l'Académie des Inscriptions, pag. 238, *in-4°*.

Louis XII lui-même, étant encore Duc d'Orléans, fut fait prisonnier en 1488 à la bataille de Saint-Aubin-du-Cormier en Bretagne. Après avoir été promené de a trois de cette honnête efpece. Ces cages font formées de poutrelles revêtues de fortes feuilles de fer. Elles ont fix pieds de large fur huit de long.

Le fecond ordre de chambres rigouréufes eft les *Calottes* (1). Ces chambres les plus élevées des tours font formées de huit arcades en pierres de taille. On ne peut fe promener qu'au milieu. Il y a à peine l'efpace d'un lit d'une arcade à l'autre. La diftance du bord intérieur de la fenêtre eft de toute l'épaiffeur du mur, qui eft de dix pieds environ. Il y a des grilles de fer à la hauteur des fenêtres en dedans de ces chambres, & des contre - grilles extérieures. Les Calottes font peu éclairées. En été la chaleur y eft exceffive, en hiver le froid infupportable. Il n'y a que des poëles dans les calottes (2).

---

prifons en prifons, il fut enfermé pendant trois ans entiers dans le Château de Bourges, & on le forçoit de coucher dans la cage de fer.

(1) Lorfque Renneville entra dans la Calotte de la tour du coin, il demanda au Major fi c'étoit le plus beau logement de la Baftille. Oui M. dit celui-ci, & tous ceux qui voudroient y être n'y font pas. Tous ceux qui y font voudroient bien n'y pas être, répliqua Renneville.

(2) Le Comte de Boulainvilliers dit encore (Lettre XIV,) que la Baftille étoit deftinée aux Prifonniers que l'on vouloit exterminer, ou par la forme apparente de la Juftice, ou par le fupplice des *Oubliettes*, fort ufité par *Triftan l'Hermite*, Prévôt de l'Hôtel, & compere de

Presque toutes les chambres des tours font octogones, hautes de quatorze à quinze pieds, & de vingt de diametre, les cheminées font fort élevées. Dans la plupart il y a trois marches pour monter aux croifées. Toutes les fenêtres font grillées & contre - grillées en fer. Plufieurs ont une troifieme grille au milieu de l'épaiffeur des murs. Les barres de ces grilles font de la groffeur du bras. Les chambres baffes n'ont de jour que fur les foffés. Les jours de celles qui font plus élevées, font obfcurs & lointains à caufe de l'éloignement du bord extérieur des fenêtres. Enfin les chambres les moins défagréables, ont des

---

Louis XI. Cet homme, d'exécrable mémoire, étoit lui feul le Juge, le témoin & l'exécuteur. Il faifoit paffer les victimes que Louis XI lui livroit fur une bafcule d'où ils tomboient fur des roues armées de pointes & de tranchans ; d'autres étoient noyés une pierre au cou, ou étouffés dans des cachots. Ce Tyran fit périr ainfi plus de quatre mille perfonnes. (*Mezerai*, Abrégé Chronol. tom. 4 ; & *Commines*, Liv. 6, chap. 12.) Pendant le féjour que j'ai fait à la Baftille, je n'ai pu parvenir à voir la *Chambre des Oubliettes* ; mais j'ai vu au Château de Ruelle, qui fut la maifon de plaifance du Cardinal de Richelieu, & qui appartient aujourd'hui à M. le Duc d'Aiguillon, un cabinet qui conferve encore le nom de *Cabinet des Oubliettes*. Ce Miniftre cruel y faifoit paffer les perfonnes qu'il vouloit perdre. A peine y avoientelles pofé le pied, qu'une bafcule faifoit entr'ouvrir le plancher fous leurs pas, & elles tomboient dans la profondeur d'un abyme.

vues fur la campagne, fur Paris, fur les Boulevards. Quoique les fenêtres de ces chambres foient grillées, & contre grillées, cependant elles font affez éclairées, leurs ouvertures s'élargiffant dans leur intérieur.

Dans bien des cas, les grilles extérieures des fenêtres font mafquées avec de la toile, ou bien on y établit des hottes en planches, de maniere que le jour s'y plonge, & toute vue eft interdite au Prifonnier.

La plupart des chambres ont des cheminées, les autres des poëles ; il n'y en a point dans les cachots. Toutes les cheminées font grillées en haut, barrées de fer en bas, & à plufieurs endroits dans leurs longueurs. Pour empêcher les communications ; on a multiplié les précautions. Anciennement les Prifonniers converfoient par les cheminées, ou y montoient dans l'efpérance de pouvoir s'échapper. Chaque tour a des latrines : elles font grillées aux différens étages. Quelques appartemens en ont d'intérieures, les autres ont les fupplémens ordinaires.

Toutes ces chambres font mal clofes, froides, & très-humides en hiver. Elles ont toutes leurs *numéros*. Elles portent le nom du degré de leur élévation, comme leurs portes fe préfentent à droite & à gauche en montant. Ainfi, la *premiere Baziniere* eft la premiere chambre de la tour de ce nom, au-deffus du cachot, puis la *feconde Baziniere*, la *troifieme*, la *quatrieme*, & la *Calotte Baziniere*. De même tous les Prifonniers font appellés du nom de leur tour, joint au *numéro* de leur chambre ; par cette raifon, le *nom de Baftille* de tel Prifonnier eft la *feconde Baziniere*, la *premiere Bertaudiere*, la *quatrieme Comté*, la *troifieme du Tréfor*, &c.

Les chambres ordinaires préfentent quatre murailles nues, mais furle fquelles on lit les noms des Prifonniers qui y ont été renfermés, des vers, des devifes, des fentences, &c. Un lit de ferge verte avec rideaux, paillaffe & trois matelats, deux tables, deux cruches d'eau, une fourchette de fer, une cuillere d'étain, & un gobelet de même métal, un chandelier de cuivre, des mouchettes de fer, un pot-de-chambre, deux ou trois chaifes, quelquefois un vieux fauteuil forment tout l'ameublement. Quelques chambres ont des chenets. On n'obtient que très-rarement des pelles & des pincettes. On fournit à chaque Prifonnier une provifion d'allumettes, un briquet, des pierres à feu, de l'amadou, une chandelle chaque jour, un balai chaque femaine, des draps de lit tous les 15 jours, & quatre ferviettes par femaine. On prend tous les huit jours le linge des Prifonniers pour le blanchir.

Trois portes l'une fur l'autre font fermées fur chaque Prifonnier : le bruit des verrouils, des ferrures & des clefs eft effrayant. Un porte - clefs eft chargé de porter aux Prifonniers leurs repas, & va prendre leurs reftes qui font à fon profit.

La nourriture des Prifonniers eft réglée par un tarif, fuivant leur qualité. Il y a des claffes de 50 liv. par jour (les Princes), de 30 liv. , de 20 liv. , de 10 liv. , de 5 liv. , & de 3 liv. Les moindres font de 2 liv. 10 fols; c'eft le taux des valets ou gardes. Dans ces prix font compris le blanchiffage & la chandelle ; le bois à brûler eft un article à part.

La cuifine eft fervie par un Chef qui eft l'économe du Gouverneur. Il a fous lui, un rôtiffeur, un marmiton, un fcieur de bois. Tous les plats font mefquins, & mal préparés ; c'eft la mine d'or du Gouverneur qui augmente fes revenans-bons en raifon de la mauvaife chere qu'il fait faire aux Prifonniers. Outre ces profits immenfes, le Gouverneur a par jour 150 livres pour

quinze

quinze places de Prisonniers supposés à 10 livres chacun, sans préjudice du prix journalier par têtes de Prisonniers existans. Ces 150 livres sont un supplément de finance ou indemnité. Et on y ajoute encore très-souvent des gratifications considérables.

En gras on a chaque jour une soupe, un bouilli, une entrée; en maigre, une soupe, un plat de poisson, & deux entrées. Le soir en gras une tranche de rôti, un ragoût, une salade; en maigre, un plat d'œufs, un de légumes. Les variantes des cottes de 5 liv. à 10 liv. sont bien peu considérables. Elles consistent dans un demi poulet étique, un pigeon, un lapereau qui sent les choux, ou quelques oiseaux, & du dessert, dont chaque portion ne coûte pas 2 sols.

Le Dimanche à dîner une soupe mauvaise, une tranche de vache bouillie que l'on appelle bœuf, & quatre petits pâtés; le soir une tranche de rôti, génisse, veau ou mouton, un petit plat d'haricots où les os & les navets abondent, une salade. L'huile que l'on présente fait soulever le cœur : elle ne seroit bonne que pour les reverberes. Les soupers en gras sont uniformes. Le Lundi, au lieu des quatre pâtés, c'est du haricot. Le Mardi à midi une sauciffe , ou un demi pied de cochon , ou une légere cotelette de porc frais. Le Mercredi, une petite tourte cuite à demi ou brûlée. Le Jeudi, deux minces cotelettes de mouton. Le Vendredi à dîner, un demi carpeau frit ou à l'étuvée , de la raie puante , de la morue au beurre & à la moutarde, ou quelque friture defféchée avec quelques légumes , ou un plat d'œufs. A fouper, un plat d'œufs au beurre roux ou à la tripe , & des épinars à l'eau & au lait. Le Samedi eft la répétition ; & le cercle invariable recommence le Dimanche.

Les trois jours de Saint-Louis, de Saint-Martin & des Rois , tous les Prifonniers ont une augmentation de portion qui confifte dans une moitié de poulet rôti ou un pigeon. Le Lundi - gras on leur donne une petite tourte.

Chaque Prifonnier a une livre de pain, & une bouteille de vin par jour. Ce vin eft plat & fort mauvais. Le deffert eft une pomme , un bifcuit , quelques amandes & raifins fecs , femés légerement fur le fond d'une affiette, quelques cerifes , grofeilles ou prunes dans la faifon. On eft fervi en étain ordinairement. Quelquefois on obtient d'être fervi en fayance , & avec des cuilleres & fourchettes d'argent. Si on fe plaint de la mauvaiſe nourriture, cela change pour quelques jours, mais le plaignant eſſuie d'ailleurs des déſagrémens. Il n'y a point de gargotte à 12 ſols par repas où l'on ne ſoit mieux traité qu'à la Baſtille. En général cette cuiſine eſt très - mauvaiſe , la ſoupe ſans aucun ſuc , les viandes ſont de la moindre qualité , & mal apprêtées. Tout ceci contribue fort à ruiner la ſanté des Priſonniers , cela crie vengeance devant Dieu & devant les Hommes.

Les Officiers de l'Etat - Major n'ont aucune inſpection ſur la cuiſine, cela regarde le Gouverneur ſeul. Quelques Priſonniers ont obtenu de la Police la permiſſion de ſe faire ſervir par un Traiteur du dehors , mais cela coûte trois fois plus que dans la Ville.

Les Priſonniers ordinaires ont par jour, en hiver, cinq morceaux de long bois à brûler. Ceux qui ſont recommandés en ont à diſcrétion. Pluſieurs ont des gardes. La ſolde de ces gens eſt de 20 ſols par jour ; on les nourrit en outre.

Il n'y a que quatre Porte-clefs pour les huit tours. Leur nom de Porte-clefs , vient de ce que pour une ſeule chambre il y a cinq groſſes clefs. Le trouſſeau des clefs de tous les appartemens de chaque tour est monstrueux.

Lors du service des repas, une sentinelle armée est au pied de chaque tour. Pendant les Messes, une sentinelle est à la porte de la Chapelle. Elle n'y est posée qu'après l'entrée des Prisonniers, & est levée avant leur sortie.

L'Etat-Major consiste en un Gouverneur dont la place vaut, outre ses appointemens de la Cour, plus de quarante mille livres, dont il fait son profit sur les vivres des Prisonniers; un Lieutenant de Roi, dont le brevet est de soixante mille livres, & qui en retire cinq mille livres par an, un Major à 4000 livres d'appointemens, un Aide-Major à 1500 livres, un Chirurgien à 1200 livres. Celui - ci fait de grands profits sur les remedes, dont le Roi fait les frais. Le Médecin est externe, il a son appartement au Château des Thuilleries.

Il n'y a pas plus de 30 ans que les choses sont sur ce pied. Anciennement le Gouverneur & le Lieutenant de Roi étoient les seuls à la nomination du Roi. Les autres Officiers étoient nommés par le Gouverneur, qui pouvoit les destituer à sa volonté. Ils avoient sous eux des Archers de Com-

pagnies Franches , des Bourgeois foldés
par le Gouverneur pour la garde du Château. M. d'Argenfon leur fit fubftituer un
Etat-Major, avec une Compagnie d'Invalides de cent hommes , qui ont deux Capi-
taines & un Lieutenant. Le fimple Soldat
eft habillé , entretenu de linge , de fouliers ,
de fel , de chandelle , de bo s , & a 10 fois
par jour. Le fervice eft rude. Les foldats ne
peuvent découcher fans permiffion du Gouverneur. Plufieurs l'obtiennent : les autres
font le fervice des abfens , qui leur aban-
donnent la moitié de leur pa e.

Aucun des Officiers ne peut dîner dehors
fans permiffion , & découcher fans un congé
figné du Miniftre.

Pendant le jour , outre les cinq fentinelles
des portes , il y en a une à la porte exté-
rieure du Château , pour écarter les curieux
qui s'arrêtetoient feulement à confidérer
cette entrée.

Le Major eft chargé de la plume , il a la
correfpondance & tout le détail. Il dreffe
tous les mois des comptes. Il en remet des
doubles au Miniftre dans le département
duquel eft la Ville de Paris , au Contrôleur-
Général des Finances , & au Lieutenant-
Général de Police. Ces comptes préfentent le tableau du nombre , des noms de

tous les Prifonniers, & le calcul des dé-
penfes. Cet Officier reçoit l'argent du Con-
trôleur - Général , & fait les paiemens. La
dépenfe générale monte année commune à
plus de cent mille livres.

Le Château eft entouré d'un foffé large
d'environ 120 pieds. Il n'y a d'eau dedans
que lors des grands débordemens de la
Seine , & après les pluies abondantes. Ce
foffé eft entouré d'un mur de 60 pieds d'é-
lévation , contre lequel eft attachée une
gallerie de bois à rampe , laquelle regne
dans tout le contour du foffé à l'oppofite
du Château. On l'appelle *les Rondes*. Deux
efcaliers placés à droite & à gauche , en
face du grand Corps-de-Garde conduifent
à ces rondes. Des Sentinelles y font pla-
cées le jour & la nuit. Elles fe promenent fans ceffe , & examinent fi les Prifonniers font quelque tentative. Pendant la
nuit , les Sentinelles font pofées fur ces
rondes , au nombre de quatre à la fois. Les
Officiers & Sergens font leur ronde tous les
quarts d'heure , & s'affurent par les *qui
vive* , fi toutes les Sentinelles veillent. Chacune a fon inftant de ronde marqué. Toutes
ont des pieces de cuivre numérotées &
trouées , qu'elles paffent dans une aiguille ,
dont la bafe eft adhérente au fond d'une

boëte cadenacée, telle que l'on en a dans les Villes de guerre. Cette boëte est portée tous les matins à l'Etat-Major : les Officiers en font l'ouverture, vérifient l'ordre des pieces enfilées, & jugent de l'exactitude ou du défaut des rondes. On rend en même tems compte au Lieutenant de Roi & au Major, de tout ce qui a été vu, entendu, apperçu pendant la nuit. Tout ce qui se passe en dedans ou en dehors est rapporté, & écrit exactement.

Le jour & la nuit, la Sentinelle intérieure du Château sonne une cloche à toutes les heures, pour avertir qu'elle veille. Outre cette cloche, la nuit, on en sonne une autre sur les rondes à tous les quarts-d'heure. La garde monte à 11 heures du matin. La retraite de la garnison sonne à 9 heures du soir en hiver, à 10 en été. Les ponts se levent entre 10 & 11 heures du soir. Tout s'ouvre à quelque heure que ce soit, quand il y a des ordres du Roi.

Le Chapelain principal de la Bastille est appointé à 1200 liv. Il dit la Messe toujours à 9 heures du matin. Il y a deux Sous-Chapelains qui n'ont que 400 liv. par an. Ils ne disent la Messe que les Dimanches & Fêtes, l'un à 10 heures, l'autre entre midi, & une heure. Cette derniere Messe est proprement la Messe du Gouverneur. Les Prisonniers n'y vont point, à moins qu'ils ne soient privilégiés. Outre ces Chapelain & Sous-Chapelains, il y a un Confesseur en titre qui a 900 liv. par an. Les vieux domesti-ques retirés ont des pensions.

Ce Château peut contenir 40 Prison-niers dans des appartemens séparés. Quand ils sont en grand nombre, ils ont nécessai-rement moins de promenades. Il y a pré-sentement quatre Prisonniers à vie. Ils sont devenus plus ou moins fous. L'un d'eux y est depuis l'affaire de *Damien* (1757).

Au dehors du Château , du côté du Fauxbourg Saint-Antoine , il y a un grand bastion dégagé du corps du Château. C'é-toit anciennement un des boulevards de la primitive entrée de Paris. On y a planté des arbres & fait un jardin. La porte du chemin qui y conduit, est entre la *tour du Trésor* & celle *de la Comté.*

A gauche de la Bastille est la porte Saint-Antoine. Cette porte est flanquée d'un bastion , parallele à celui qui sert de jardin au Château.

Le Lieutenant.-Général de Police de Paris , est le Subdélégué du Ministere au département de la Bastille. Il a sous lui un Commissaire en titre que l'on nomme le

Commiffaire de la Baftille. Celui-ci a des gages fixes pour faire ce que l'on appelle *les inftructions* , mais il ne les fait point exclufivement : il n'a aucune infpection , ni fonction, que dans les cas où il reçoit des ordres , la raifon en eft que tout ce qui fe fait dans ce Château eft arbitratre.

En arrivant à la Baftille, chaque Prifonnier eft inventorié. On examine fes malles, habits, linges , poches, pour voir s'il n'y a pas de papiers relatifs à l'objet de fa détention. On ne fouille pas ordinairement les perfonnes d'un certain rang , mais on leur demande leurs coûteaux , rafoirs, cifeaux, montres, cannes , bijoux & argent. Après cet examen on conduit le Prifonnier dans un appartement où il eft renfermé fous trois portes. Ceux qui n'ont point de domeftique, font eux-mêmes leur lit & leur feu. On dîne à onze heures , on foupe à fix.

Dans les premiers tems, on n'a ni livres, ni encre, ni papier : on ne va ni à la Meffe, ni à la promenade : on n'a permiffion d'écrire à qui que ce foit, pas même au Lieutenant de Police, dont tout dépend , & à qui il faut la faire demander par le Major qui s'y prête ordinairement. On ne va d'abord à la Meffe que de deux Dimanches l'un. Quand on a pu obtenir la permiffion d'écrire au Lieutenant de Police, on peut lui demander celle d'écrire à sa famille, d'en recevoir des réponses, d'avoir avec soi son domestique ou un garde, &c. Il refuse ou accorde suivant les circonstances. On ne peut rien obtenir que par ce canal.

Les Officiers de l'Etat-Major se chargent de faire parvenir les lettres des Prisonniers à la Police. Elles y sont envoyées exactement à midi & le soir. A quelque heure que ce soit, si on le demande, ces lettres sont portées par des exprès que l'on paie de l'argent des détenus. Les réponses sont toujours adressées au Major, ils les communique au Prisonnier. Si on a omis de lui parler de quelque objet de la lettre du Prisonnier, c'est un refus. Les gardes que l'on donne à ceux auxquels on refuse leurs domestiques, ou qui n'en ont point, sont des Soldats Invalides ordinairement. Ces gens couchent auprès des Prisonniers, & les servent. Il faut toujours être en défiance avec ces hommes, ainsi qu'avec les Porte-clefs, parce que toutes les paroles sont recueillies, & rendues aux Officiers qui les reportent à la Police : c'est ainsi que l'on étudie le caractère des Prisonniers. Tout est dans ce Château, mystere, ruse, artifice, piege, espionnage. Souvent des Officiers, des Gardes , des Porte - clefs , des Valets tâchent d'induire un Prisonnier à parler mal du Gouvernement , & rendent compte de tout.

On obtient quelquefois d'avoir des livres, sa montre , son couteau , ses rasoirs , & même de l'encre & du papier blanc. On peut demander à voir le Lieutenant de Police quand il vient à la Bastille. Ordinairement il fait descendre les Prisonniers quelques jours après leur arrivée. Quelquefois il va les visiter dans leurs chambres, surtout les Dames.

Lorsque le Lieutenant de Police voit un Prisonnier, la conversation roule sur l'objet de sa détention. Il lui demande quelquefois des déclarations écrites & signées. En général on doit mettre autant de circonspection dans ces conversations que dans son interrogatoire même , puisque rien de tout ce qui peut être dit ou écrit n'est oublié.

Quand on veut faire parvenir quelque chose au Lieutenant de Police , c'est toujours par le Major. On peut écrire à cet Officier des billets par le Porte-clefs. On n'est jamais prévenu sur rien , il faut tout demander , même la permission de se faire raser. C'est le Chirurgien qui fait les barbes. Il fournit aux Prisonniers malades ou indif-

poſés, ſucre, café, thé, chocolat, confi-
tures, & les remedes néceſſaires.

La promenade eſt d'une heure par jour,
quelquefois d'une heure le matin, & d'une
heure le ſoir dans la grande cour.

Un priſonnier peut être interrogé peu de
jours après ſon entrée à la Baſtille, ſouvent
il ne l'eſt qu'au bout de pluſieurs ſemaines.
Quelquefois on l'avertit du jour où il doit
être interrogé, ſouvent il ne l'apprend
qu'au moment où on le fait deſcendre à la
Salle du Conſeil. C'eſt le Lieutenant de
Police, un Conſeiller d'Etat, un Maître des
Requêtes, un Conſeiller ou un Commiſſaire
du Châtelet qui remplit cette commiſſion.
Quand le Lieutenant de Police n'interroge
pas lui-même, il vient ordinairement à la
fin de l'interrogatoire.

Ces Commiſſaires ſont des êtres purement
paſſifs. Souvent ils tâchent d'effrayer un
Priſonnier ; ils lui tendent des piéges, employent toutes les reſſources des ruſes les
plus baſſes pour lui arracher des aveux. Ils
ſuppoſent des preuves, repréſentent des
papiers, ſans permettre de les lire, ſoute-
nant que ce ſont des pieces de conviction
invincibles. Leurs interrogats ſont toujours
vagues. Ils roulent non-ſeulement ſur les
paroles & les actions du Priſonnier, mais

fur fes penfées les plus fecrettes, fur fes paroles, & la conduite des perfonnes de fa connoiffance que l'on veut compromettre.

Ceux qui interrogent, difent à un Prifonnier qu'il y va de fa tête, que de lui dépend en ce jour fa vie ou fa mort ; que s'il veut tout déclarer de bonne foi, ils font autorifés à lui promettre un élargiffement prompt, que s'il refufe d'avouer, il va être livré à une Commiffion extraordinaire ; que l'on a des pieces décifives, des preuves acquifes, plus qu'il n'en faut pour le perdre ; que fes complices ont tout découvert ; que le Gouvernement a des reffources inconnues, dont il ne peut fe douter. Ils fatiguent les Prifonniers par des interrogatoires variés & multipliés à l'infini. Suivant les perfonnes, ils employent les promeffes, les careffes, les menaces ; d'autrefois ils infultent les détenus, & les outragent avec une infolence qui met le comble à la tyranie dont ils font les vils inftrumens.

Si le Prifonnier fait les aveux exigés, les Commiffaires lui déclarent alors, que pour fon élargiffement, ils n'ont pas d'autorifation précife, mais qu'ils ont tout lieu de l'efpérer, qu'ils vont la folliciter, &c.... Les aveux du Prifonnier, loin de rendre fon fort meilleur, donnent lieu à de nouveaux interrogatoires, prolongent souvent sa détention, compromettent les personnes avec lesquelles il a eu des relations, & l'exposent lui-même à de nouveaux tourmens.

Dans certains cas, ce sont des Commissaires du Parlement qui font les *Instructions.* Ceux-ci tiennent leurs séances à l'Hôtel du Gouvernement ou à l'Arsenal. Ils n'entrent jamais dans l'intérieur de la Bastille. La différence que le Ministere met entre eux & les Membres du Conseil, ou du Châtelet, est que ceux-ci sont *Royalistes*, & les autres *Parlementaires.* Or on n'admet que les premiers dans cette enceinte, on ne veut pas que les autres y mettent le pied.

Les Prisonniers ne reçoivent jamais aucune visite du dehors avant l'instruction consommée. Pour obtenir cette faveur après les interrogatoires, il faut la demander avec instance & persévérance, & que des amis puissans la sollicitent au dehors. On peut demander une prolongation de promenade, à se promener sur les tours, au jardin, à lire les gazettes & journaux, à être réuni aux personnes de sa connoissance, s'il y en a, à manger & à se promener ensemble. Pour tout ceci, il faut écrire au Lieutenant de Police & au Gouverneur. Plusieurs per—

fonnes détenues pour l'affaire du Canada eurent la liberté de fe voir. Lors des promenades au jardin ou fur les tours, les Prifonniers font toujours accompagnés de bas Officiers Invalides. Les Officiers même de l'Etat-major accompagnent fouvent ceux qui font d'un certain état. En hiver, ils les font entrer dans la falle, où ils fe tiennent ordinairement, quelquefois il les vifitent dans leurs chambres. Le Gouverneur vifite auffi les Prifonniers, fur-tout lorfqu'ils lui font recommandés. Les converfations avec tous ces Officiers, doivent toujours être très-circonfpectes, parce que tout eft obfervé & dénoncé.

On prend de grandes précautions pour que les Prifonniers ne s'apperçoivent ni fe rencontrent, & qu'ils ne foient point vus par les Etrangers qui font admis à en vifiter quelqu'un. Si pendant la promenade dans la cour quelque perfonne vient à paffer, on fait entrer le Prifonnier dans un des cabinets pratiqués au rez-de-chauffée de la cour, & on ne l'en fait fortir qu'après que les paffans font retirés. Les Prifonniers font toujours fous les verroux pendant tout le temps qu'ils paffent dans leurs chambres. Les portes s'ouvrent feulement aux heures de la Meffe, des promenades ou des vifites, & on les referme auffi-tôt après.

Pour visiter un Prisonnier , il faut avoir une permission écrite du Lieutenant de Police. Elle est ordinairement dans une lettre adressante au Lieutenant de Roi ou au Major. Le nombre & la durée des visites y est toujours fixé. Ces visites sont toujours reçues en présence des Officiers ou Porte-clefs , afin que les Prisonniers ne disent & n'apprennent rien d'intéressant. Le visitant est d'un côté de la chambre , le visité est de l'autre , & l'Officier ou Porte-clefs écoutant est au milieu. C'est la regle invariable. Il n'est jamais permis de parler des motifs de la détention du Prisonnier , ni de tout ce qui pourroit y avoir quelque rapport.

Pour qu'un Prisonnier reçût des visites, sans témoins , il faudroit une permission du Ministre & du Lieutenant de Police , ce que l'on n'obtient presque jamais. Les Officiers de l'Etat-major sont entierement subordonnés ; ils ne peuvent rien accorder aux Prisonniers , sans une autorisation expresse du Ministre par le Lieutenant de Police. Tous les jours le Major rend compte par écrit au Lieutenant de Police de l'état des Prisonniers, des visites qu'ils ont reçues, de tout ce qui a été dit, entendu, ou fait d'important au Château.

Quoique

Quoique tout soit réglé, tout est cependant sujet aux exceptions du crédit, des recommandations, de la protection, de l'intrigue, &c. &c. &c. parce que le premier principe dans ce château est la volonté arbitraire. Très-souvent des personnes détenues pour le même objet sont traitées très-différemment, en raison des recommandations plus ou moins considérables.

Il y a une Bibliotheque fondée par un Prisonnier étranger, mort à la Bastille au commencement du siecle présent. Quelques Prisonniers obtiennent la permission d'y aller, d'autres qu'on leur porte des livres dans leurs chambres.

On leur débite les choses les plus fausses, en affectant un air de vérité & d'intérêt. « Il est bien malheureux que le Roi ait été » prevenu contre vous. Sa Majesté ne peut » entendre prononcer votre nom, sans entrer en courroux. L'affaire pour laquelle » on vous a ravi votre liberté, n'a été qu'un » prétexte, on vous en vouloit antérieure-» ment, vous avez de puissans ennemis.....» Tels sont les propos d'étiquette. Inutilement un Prisonnier demande-t-il à écrire au Roi, il ne l'obtient jamais.

Le tourment perpétuel & le plus insup-

portable de cette inquisition cruelle &
odieuse, font les promesses vagues, indéfi-
nies, fausses ou équivoques, les espérances
intarissables & persévéramment trompées
d'une liberté prochaine, les exhortations à
la patience, les conjectures à perte de vue,
dont le Lieutenant de Police & les Officiers
font très-prodigues.

Pour couvrir l'odieux des barbaries qui
s'exercent, & rallentir le zèle des parens,
ou des protecteurs qui follicitent, on débite
fouvent contre le Prifonnier les calomnies
les plus abfurdes, les plus contradictoires.
On déguise les vrais motifs de la détention,
on cache les obftacles réels. Ces reffources
qui varient à l'infini, font intariffables.

Il y a une grande pièce remplie d'armoi-
res très-vaftes, diftribuées par cafes, éti-
quetées, des *numéros* de tous les appartemens du Château. Les effets de chaque Prifonnier font dépofés dans la cafe corref-
pondante au *numéro* de fa chambre.

Lors de l'arrivée de chaque Prifonnier,
on inscrit fur un livre, fes nom & qualité,
le *numéro* de l'appartement qu'il va occu-
per, & la lifte de fes effets dépofés dans
la cafe du même *numéro*. On préfente enfuite ce livre au Prifonnier, pour qu'il le
figne.

Le livre de fortie contient un protocole de ferment & proteftation de foumiffion, de refpect, de fidélité, d'amour, de *reconnoiffance* pour le Roi, d'affurance que les faits qui ont compromis le Prifonnier ont été l'effet de l'erreur feule de l'efprit, d'action de graces de ce que Sa Majefté ne l'a pas livré à des *Commiffaires extraordinaires*, de promeffe de ne rien révéler de tout ce qu'il a vu & entendu pendant le féjour qu'il a fait dans la Baftille. Ce protocole, que tout Prifonnier eft obligé de figner avant fa fortie, contient encore le reçu des bijoux, argent, & autres effets.

Un troifieme livre en feuilles contient les noms de tous les Prifonniers, & le tarif de leur dépenfe. Le relevé de ce livre paffe tous les mois fous les yeux du Miniftre.

Le Regiftre du détail de la dépenfe journaliere n'eft que pour le Gouverneur, & le Chef de cuifine fon économe : le Major n'y a aucune infpection.

Enfin le quatrieme livre eft un in-folio immenfe, ou plutôt une fuite de cahiers qui augmente journellement. Ces cahiers font contenus dans un très-grand carton ou porte-feuille en maroquin fermant à clef, lequel eft encore renfermé dans un double carton. Ces feuilles, diftribuées en colonnes, portent des titres imprimés à chacune.

Ire. Colonne. *Noms & qualités des Pri-sonniers.*

IIe. Col. *Dates des jours d'arrivée des Prisonniers au Château.*

IIIe. Col. *Noms des Secrétaires d'Etat qui ont expédié les ordres.*

IVe. Col. *Dates de la sortie des Prison-niers.*

V^e. Col. *Noms des Secrétaires d'Etat qui ont signé les ordres d'élargissement.*

VIe. Col. *Caufes de la détention des Pri-sonniers.*

VIIe. Col. *Obfervations & Remarques.*

Le Major remplit la fixieme colonne fui-vant les indications qu'il peut avoir, & le Lieutenant de Police lui donne des inftruc-tions quand il veut, & comme il veut. La feptieme colonne contient l'hiftorique des faits, geftes, caracteres, vie, mœurs & fin des Prifonniers.

Ces deux colonnes font des efpeces de mémoires fecrets, dont l'effence & la vé-rité dépendent du jugement droit, ou faux, de la volonté, bonne ou mauvaife du Major & du Commiffaire du Roi. Plufieurs Prifonniers n'ont aucune note fur ces deux dernieres colonnes.

Ce livre eft de l'invention du fieur *Chevalier*, Major actuel, qui a été chargé d'écrire l'Hiftoire fecrette de ce château depuis fon origine. Il a remonté jufqu'aux découvertes qu'il a pu faire dans le dépôt des archives. Quand une feuille eft remplie, elle entre dans ce dépôt, où tout eft confervé pour la poftérité. Il y a un Archivifte appointé.

On réunit encore en regiftre tous les ordres à jamais donnés & adreffés au Gouverneur de la Baftille, toutes les Lettres des Miniftres & de la Police ; tout eft recueilli foigneufement, & fe retrouve au befoin.

Auffi-tôt que quelque Prifonnier eft conduit à la Baftille, le Miniftre qui a figné l'ordre, & le Commiffaire du Roi, font informés par le Major de fon arrivée. Dans plufieurs cas, cet Officier eft prévenu de l'arrivée des Prifonniers. Souvent une lettre particuliere du Commiffaire du Roi délivre un Prifonnier par anticipation, & il remet enfuite l'ordre du Roi au Major, qui lui rend exactement fa lettre.

Quand un Prifonnier connu & protégé a abfolument perdu la fanté, & que l'on craint pour fes jours, on ne manque pas

de le faire fortir. Le Miniftere n'aime pas
que les gens connus meurent à la Baftille (1). Si un Prifonnier meurt, on le fait
inhumer à la paroiffe de Saint-Paul, fous le
nom d'un domeftique, & ce menfonge eft
écrit fur le regiftre mortuaire, pour trom-
per la poftérité. Il y a un autre regiftre où
le nom véritable des morts eft infcrit; mais
ce n'eft qu'après bien des difficultés que
l'on parvient à s'en faire délivrer des ex-
traits. Il faut auparavant que le Commiffaire de la Baftille foit informé de l'ufage
que les familles veulent faire de ces aftes.

Il y a dans ce Château de vaftes maga-
fins, que l'on appelle les dépôts. C'eft là
que l'on renferme les livres faifis, ou dont
le débit eft arrêté.

Lorfque le Commiffaire du Roi (Lieutenant de Police) ou un Miniftre entre dans
le Château de la Baftille, la Garde fe préfente en haie à fon paffage, fait le falut,
& les grandes portes s'ouvrent. Le même
cérémonial s'obferve pour les Maréchaux
de France. Ceux-ci peuvent feuls entrer
dans le Château avec leur épée. Les Ducs

____

(1) Quelques Prifonniers ont péri à la Baftille par
des voies fecrettes, mais ces exemples font rares.

& Pairs ont prétendu avoir droit à la même
distinction. *Le Mémoire du Président à Mor-
tier du Parlement de Paris* présenté au Duc
d'Orléans Régent du Royaume en 1717,
en fait mention.

A PARIS, chez MARADAN, Libraire, rue Saint
André-des-Arts, Hôtel de Château-vieux.

9 782329 658841